# LE
# SALUT DE LA FRANCE

DANS LE

## SUFFRAGE UNIVERSEL

PAR

## JULES APER

LANGRES

IMPRIMERIE ET LIBRAIRIE FIRMIN DANGIEN

3, rue de l'Homme-Sauvage, 3

—

1881

# LE

# SALUT DE LA FRANCE

## DANS LE

## SUFFRAGE UNIVERSEL

# LE

# SALUT DE LA FRANCE

DANS LE

# SUFFRAGE UNIVERSEL

PAR

## JULES APER

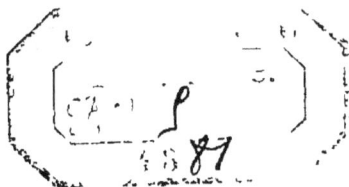

**LANGRES**

IMPRIMERIE ET LIBRAIRIE FIRMIN DANGIEN

3. rue de l'Homme-Sauvage, 3

1881

# SALUT DE LA FRANCE

DANS

## LE SUFFRAGE UNIVERSEL

Attention, citoyens !

Nous sommes, une fois encore, à la veille de faire usage de nos droits de citoyens. Bientôt, la France entière devra renouveler ses conseils municipaux, les conseils généraux et la chambre ses députés: Qui, dans nos campagnes, s'occupe sérieusement de cette grave question? Personne ou à peu près, tant le peuple manipulé, travaillé en tous sens et mille fois trompé est devenu indifférent. Et pourtant, c'est là une question capitale, une question de vie ou de mort qui réclame hautement nos plus sérieues réflexions.

La France est, sans contredit, le plus beau pays du monde. Le Français, actif intelligent, plein d'ardeur et d'amour propre, désire tout savoir et ne recule devant aucune entreprise pour arriver à ses fins.

Aussi chez lui, les arts, les sciences, le commerce et l'industrie brillent du plus vif éclat. Voyez sa capitale, la plus belle du monde, que de richesses, que de monuments que de chefs-d'œuvre elle renferme! Ses villes et ses bourgades se rajeunissent sans cesse, sous l'inspiration du génie et d'une activité toujours insatiable. Le sol bien cultivé, çà et là couvert de vastes forêts, arrosé de nombreux cours d'eau, verse abondamment de sa fertilité dans la main du laboureur Les côteaux tout verdoyants, préparent chaque année, sous les chauds rayons d'un brillant soleil, les vins si renommés et si recherchés de Bourgogne, de Champagne, de Bordeaux et de Beaujolais. Avec son climat varié et ses productions multiples, la France offrirait vraiment quelque chose des délices du vieux paradis terrestre, si la discorde, enfantée par l'esprit de révolution ne, venait à chaque instant suspendre son glaive ensanglanté et toujours menaçant sur la tête de ses habitants éperdus et malheureux.

Notre but dans cet écrit n'est pas de rappeler les causes et d'apprécier les résultats de toutes les révolutions qui se sont faites depuis près de cent ans, parmi ce peuple remuant et égaré : nous voudrions seulement lui indiquer le moyen de mettre un terme à ses agitations périodiques et de rentrer dans la voie de la sagesse qui mène au vrai progrès et au bonheur définitif.

Ce moyen, le seul légal et efficace que nous puissions employer pour le moment, c'est le suffrage universel, pratiqué consciencieusement et raisonné d'après nos désirs et nos besoins d'hommes libres, vivant en société. Or que voulons-nous? quels sont nos besoins?

Par le suffrage, nous sommes un peuple roi. On nous répète sur tous les tons que la république, c'est le gouvernement du peuple par le peuple; d'autres disent que l'empire, c'est l'expression de la volonté libre du peuple par le suffrage universel; enfin, d'autres encore prétendent que tout pouvoir vient de Dieu par l'intermédiaire du peuple, et ceux-ci ont raison.

Donc, si de l'aveu de tous, Républicains, Impérialistes et Royalistes, le pouvoir réside dans le peuple, c'est au peuple à dire ce qu'il veut par son bulletin de vote.

Attention, citoyens, attention !

Il y. a 90 ans, la France était fort mal à l'aise. Corruption des mœurs, perversion des esprits, culture négligée, commerce agonisant, finances ruinées, lux effréné, amour des jouissances terrestres, ambition sans bornes de la bourgeoisie, tel était le lamentable spectacle qu'offrait la société française.

Le roi Louis XVI, voulant porter remède à un mal si profond et empêcher ou enrayer les progrès de la décadence, convoqua les Etats–généraux, c'est-à-dire, en langage actuel, les Chambres, pour les consulter, et leur demander conseil, secours et appui. Au lieu de 36 millions d'habitants, la France n'en comptait alors que 24.

Douze cents députés devaient arriver à Versailles le 4 mai 1789; mais la noblesse de Bretagne n'ayant pas envoyé les siens, on n'en compta que onze cent cinquante huit. C'était déjà beaucoup trop. Nous en avons huit cents aujourd'hui, tant au Sénat qu'à la Chambre, il serait préférable et moins coûteux, de n'en avoir qu'un seul par département. Il y aurait moins d'intrigants, moins de disputes et forcément plus d'entente.

Mais qui avait envoyé ces 1158 députés aux Etats-généraux? C'était le suffrage exprimé par chacun des trois ordres : noblesse, clergé et bourgeoisie du peuple, éléments disparates et opposés qui furent une source de division, de discorde et de révolution. La noblesse et le clergé furent peu à peu sacrifiés; la bourgeoisie dicta ses lois. Au début, d'heureuses réformes avaient été proposées et acceptées de concert avec le Roi, ce sont les seuls biens que nous aient légués les Etats-généraux de 1789, et non pas la Révolution de 93, comme le répètent, à l'envi, les ignorants. Le jour où, invités à se séparer, les révolutionnaires répondirent par la bouche de Mirabeau : « Nous sommes ici par la volonté du peuple, nous n'en sortirons que par la force des bayonnettes, » il fallait mettre les bayonnettes en avant. Pour ne l'avoir pas fait, un déluge de maux inonda la France et fit pressentir le règne de la Terreur. Etait-ce ce qu'avaient demandé les électeurs de 1789? Voulaient-ils la ruine de la monarchie et de l'Eglise, l'égorgement de la noblesse et du clergé, pour y substituer le règne de la sauvagerie? Assurément non; car la joie fut grande en France, quand après quatre années de massacres, la population affolée de crainte et d'horreur put enfin respirer à son aise.

Le peuple envoie ses députés ou ses mandataires près du pouvoir souverain pour représenter ses intérêts à tout point de vue et faire valoir ses droits. Il n'entend point nommer des pachas indépendants et autoritaires qui abusent de leur mandat. Aussi quand reviennent les élections, a-t-il le droit de juger ses hommes et de renvoyer planter leurs choux ceux qui ont abusé de sa confiance, si d'autre part, ils ne tombent pas sous les coups de la justice.

Vouloir être député, c'est donc accepter une place très-honorable, mais aussi très-lourde et qui demande beaucoup d'intelligence, de sagesse et de dévouement, qualités dont paraissent fort peu se soucier bon nombre de nos candidats actuels.

A nous électeurs, de leur rappeler leur devoir s'ils l'oublient, par l'expression du scrutin. Les députés de 89 ont payé de leur tête les crimes effroyables qu'ils ont commis, et Dieu seul a pu venger leurs victimes. Mais nous, instruits par les terribles leçons de l'histoire, voudrions-nous, par notre faute, ramener les excès de 90, 91, 92 et 93?...

Aujourd'hui, le suffrage universel est exprimé par tous les membres virils de la société, déclarés capables par les lois.

Tous, nobles, bourgeois, paysans, ecclésiastiques, sont citoyens de la République, membres, d'une même famille, capables d'élire et capables d'être élus. C'est l'égalité devant la loi, sauf quelques exceptions, et cette égalité est digne de tout éloge et de tout respect?

Mais, nous l'avons dit, si la charge est honorable et digne d'envie, elle est difficile et exige des qualités qui ne soient pas communes. Tu peux donc être député, ô citoyen français, qui que tu sois, pourvu que tu possèdes l'honnêteté, l'instruction et le bon sens nécessaires pour représenter dignement la cause de tes électeurs! On ne comprendrait pas, en effet, que celui qui ne sait pas diriger sa maison avec sagesse, puisse se charger des intérêts d'un département et d'une nation.

Citoyens, attention! Suivez notre raisonnement. Votre avenir, d'après nos préliminaires, est entre vos mains. De ce suffrage que vous devez apporter au scrutin dépend la prospérité ou la ruine de notre beau pays de France.

En effet, ce sont les députés, vos mandataires, qui règlent les impôts pour sucer le plus pur de votre sang; ce sont eux qui proposent, acceptent ou refusent les traités de commerce; ils règlent les recettes et les dépenses; ils lèvent des soldats, acceptent les raisons pour ou contre la guerre; enfin se prononcent pour ou contre vos intérêts. D'un bon ou d'un mauvais député — vous le voyez — dépend en partie votre bonheur ou votre malheur ici-bas, votre richesse ou votre ruine.

Voulez-vous donc, cultivateurs, vignerons et vous tous qui travaillez la terre pour donner du pain aux autres, vaquer tranquillement à vos travaux en compagnie de vos enfants devenus grands? Voulez-vous un commerce florissant qui vous permette de vendre et d'acheter à des prix modérés? Voulez-vous le respect pour votre autorité paternelle et pour tout représentant de cette autorité? N'allez pas à la maison commune déposer un bulletin de vote sans en avoir mûrement pesé la valeur et les conséquences. Montrez que vous n'êtes pas des machines à voter, comme les girouettes qui tournent à tout vent, ou comme des animaux qui se laissent prendre à l'appât. On a vu des hommes, et c'est honteux, vendre leur vote pour un verre de vin ou deux sous d'eau-de-vie. Nos campagnes, heureusement, n'en comptent pas beaucoup de cette vile espèce.

Eh bien, bons et honnêtes ouvriers des campagnes, vous êtes les plus nombreux, et par le fait, les plus forts, souvenez-vous en !

Voyez aussi comme on court après vos voix ! Comme on vous flatte ! que de promesses magnifiques on vous fait ! Vous êtes inondés de journaux, de proclamations, de professions de foi à la veille des élections; on vous fait des compliments en venant vous voir; enfin on vous promet monts et merveille. Et |de tout cela que reste-il après? rien ou presque rien, si vous vous êtes laissés abuser.

Mais, direz-vous, comment faire? A qui se fier ? On ne connait pas toujours son monde. C'est ici, en effet, que gît la plus grande difficulté. Voyons pourtant s'il y a moyen de s'en tirer. — Le 9 janvier prochain auront lieu des élections municipales, qui s'en occupe dans nos villages? Peut-être M. le |maire, qui a peur de n'être pas renommé ! Il en cause avec son adjoint inquiet pour les mêmes raisons. Mais la majorité des électeurs reste indifférente et impassible, elle attend le jour fixé. C'est là, d'après nous, un tort très-grave. Le jour des élections venu, rien n'est préparé, aucune conviction n'est assise; on s'en va voter avec indifférence; et souvent le premier venu, qui connaît cette apathie, ce manque de caractère et de volonté arrêtée, fait faire volte-face à cet homme qui porte sa destinée entre ses mains. Il entre au cabaret, il boit et convient de tout ce qu'on voudra avec ceux qui le feront boire. S'il a un billet écrit chez lui par sa femme ou ses enfants, il l'échange volontiers parce qu'il n'a pas de conviction. Malheureux qui agis ainsi, vois le mal que tu peux faire! D'un conseil municipal bien ou mal composé, dépend la bonne ou mauvaise administration de la commune dont tu es habitant et dans laquelle sont engagés tes intérêts de chaque jour : impôts ou taxes de chevaux, de voitures, de chiens, etc; cotisations affouagères, corvées, entretien des chemins, des écoles, des édifices publics, tout cela est réglé par le conseil municipal, qui te forcera à ouvrir ta bourse plus ou moins largement selon qu'il sera plus ou moins économe dans ses dépenses.

Or, je vous le demande, habitants des cam-

pagnes, et à vous aussi honnêtes ouvriers
de la ville, pouvez-vous de gaieté de cœur,
assister au gaspillage des fonds communaux,
des deniers publics, par une administration
légère et maladroite, comme cela se voit trop
souvent? Consentirez-vous à payer des centimes additionnels pour satisfaire le caprice
de vos délégués?

La révolution de 48 s'est faite contre les
45 centimes, souvenez-vous en bien! On va,
sous peu, exiger de vous 20 centimes additionnels par franc, afin de payer les premières
dépenses exigées pour l'établissement de
lycées de filles; utopie absurde et subversive
de toute morale : consentez-vous à les payer?
Pensez-y sérieusement, votre vote demande
à n'être exprimé qu'en connaissance de cause.
Alors, qui nommerez-vous au conseil de
votre commune?

La prudence ou la sagesse exige que vous
nommiez je ne dirai pas les plus parfaits, il
n'y en a point, mais les moins imparfaits.
Dans les villages, vous vous connaissez bien
tous. Vous donnerez donc votre voix à ceux
qui vous paraissent les plus laborieux, qui
réussissent le mieux dans leurs affaires, qui
savent diriger leur maison et leur famille;

qui ne sont ni querelleurs, ni processifs; ni ivrognes, ni impies, ni criblés de dettes. Ceux-là ont leurs intérêts à sauvegarder, et en travaillant pour eux, ils travailleront pour vous. Les autres, vous vous les montrez du doigt, vous les méprisez avec raison; leur renommée étant perdue, éloignez-les impitoyablement. N'écoutez ni haine, ni cabale, ni flatterie, vous vous repentiriez peut-être amèrement de n'avoir écouté que la passion. Aujourd'hui surtout, que les maires sont nommés par le conseil, gare le chaudron! L'oiseau pris à la raquette a beau se débattre et crier, l'oiseleur est sans pitié pour lui. Un maire mal intentionné peut vous chicaner continuellement, vous susciter des procès et vous faire un mal immense et irréparable. Défiez-vous d'un nouveau venu qui porte un habit mieux taillé que le vôtre, qui pérore dans la rue, hante les cabarets, vous étouffe des flots de fumée partis de sa pipe ou de son cigare exquis, aurait-il été député, percepteur, commissaire de police ou juge de paix!

Ne jugez pas les gens sur la mine; mais, comme les arbres, jugez-les à leurs fruits.

Il ne faut pas se réjouir de la mort d'un

mauvais seigneur, dit le proverbe, de crainte
de tomber sous la griffe d'un plus mauvais.

Généralement, personne n'est plus conser-
vateur que le châtelain, noble ou bourgeois
de votre village; et, à moins de preuves pal-
pables du contraire, votez pour lui en toute
sûreté. Près de lui se grouperont naturellement les bons pères de famille, cultivateurs,
industriels, artisans et commerçants qui
n'ont aucun intérêt à pêcher en eau trouble.
Laissez les avocats bavards au barreau, les
médecins et vétérinaires à leur clientèle de
peur qu'ils ne la négligent, et l'épicier à son
comptoir. Fermez l'oreille aux discours inté-
ressés et peu intéressants des cabaretiers,
de certains pédagogues trop suffisants, et de
tous les aventuriers écervelés, fussent-ils
contre-maîtres ou commis-voyageurs. A leurs
œuvres, vous apprécierez la valeur de ceux
que vous aviez cru pouvoir honorer de vos
suffrages précédemment.

Il existe une engeance particulièrement
mauvaise, qu'à tout prix il faut éloigner de
la direction des affaires : c'est l'ennemi de
tout bien, c'est l'agent de tout mal, c'est le
franc-maçon, le fils des antres ténébreux,

qui n'ose mettre ses actes en pleine lumière.
Le poignard d'une main, le révolver de
l'autre, il a juré, au jour de son admission
dans l'infâme société dont il est membre, la
ruine de la religion, de la famille, de la société
et des nations. C'est l'horreur de Dieu et des
hommes. C'est une race impie et scélérate,
dont la peau peut paraître veloutée, mais
dont les griffes et les dents sont celles du tigre
toujours altéré de sang. Arrière le franc-
maçon! Pères de familles, fuyez-le, évitez-le
comme la peste!

C'est lui qui a tué nos rois et nos prêtres,
chassé nos religieux, pillé et saccagé nos
églises, massacré des millions d'honnêtes
gens; c'est lui, suppôt de Satan, qui souffle
encore chaque jour le feu de la discorde et de
la guerre civile.

Tous les scélérats hissés au pouvoir en 93,
étaient francs-maçons : Robespierre, Marat,
Danton, Collot-d'Herbois, St-Just, Fouquier-
Tainville et tous ces monstres dont l'histoire
n'a enregistré les noms que pour la honte et
l'horreur de l'humanité. Lisez et relisez dans
l'histoire de la révolution les épouvantables
épisodes de l'assassinat de Louis XVI, de
Marie-Antoinette, de la princesse de Lam-

balle; le martyre à petit feu de Louis XVII, les massacres de l'Abbaye, des Carmes, les noyades de Nantes et de Bordeaux, le siége de Lyon, la guerre sauvage faite à l'héroïque Vendée, et dites-moi si vos cheveux ne se dresseront pas sur vos têtes. Et toutes ces atrocités, c'était le fait de ces cannibales francs-maçons portés au pouvoir par les suffrages d'un peuple trompé, égaré par d'affreux mensonges comme ceux que l'on répète aujourd'hui. Et comment en serait-il autrement? Nos ministres actuels sont pour la plupart francs-maçons, ils reçoivent le mot d'ordre des chefs de cette société infernale et perverse. C'est toujours la même haine du mal contre le bien, de l'esprit de ténèbres contre la lumière et la vérité civilisatrices.

Un peuple héroïque martyrisé avec son roi, ses princes et ses prêtres, par des parvenus éhontés dont la rage et la férocité grandissent au fur et à mesure que les têtes tombent et que le sang coule par torrents : quel spectacle et quel enseignement pour les âges futurs ! Français au caractère trop léger, auriez-vous oublié ces terribles leçons de votre histoire? Eh bien, n'oubliez pas ceci :

Quarante ans ne s'étaient pas écoulés

depuis le règne de la Terreur, que la révolution de juillet, débutant par le sac de l'archevêché, sous les yeux malins du petit Thiers, éclatait terrible et menaçante à Paris. En province, les clubs s'organisaient et l'insulte au clergé était à la mode. Ce n'était qu'un souffle mauvais et délétère. Dix-huit ans plus tard, l'auteur de ce désordre, Louis Philippe, fils du franc-maçon Philippe-Egalité, fuyait sa capitale mise à feu et à sang par ses frères et adeptes des sociétés secrètes, et il fallut le dévouement et la vie d'un héroïque archevêque pour arrêter la fureur des insurgés.

Est-ce tout? Hélas! non, ce n'est pas fini. Il y a dix ans, tout le monde s'en souvient, la guerre terrible, formidable, éclate à la frontière : nos armées sont écrasées, l'ennemi s'avance jusque sous les murs de Paris : l'horreur de la faim se joint au fléau de la guerre et des épidémies; il faut se rendre et subir honteusement les conditions du vainqueur. Au moins, cette fois, la tranquillité va renaître au prix des plus durs sacrifices? Chacun va songer à pleurer ses morts, a guérir ses blessures, à réparer ses pertes? O souvenir lamentable et déchirant! il n'en est rien! Aux calamités de la guerre étrangère succèdent les crises effrayantes de la guerre civile.

Lâches et fuyards devant l'ennemi, des français enrégimentés par la violence franc-maçonnique retrouvent un courage furibond pour égorger leurs frères. La secte maudite est maîtresse dans Paris ; elle s'est emparée des pièces d'artilleries et des fusils. Le pétrole est son arme de prédilection ; la terreur règne au camp des honnêtes gens ; la France tremble de stupeur et d'effroi.

Paris est en flammes et menacé d'une destruction complète et irréparable, quand notre armée toute frémissante accourt de l'exil et de la captivité pour l'arracher aux mains incendiaires de la Commune sous les yeux de nos ennemis ébahis.

Mais hélas! malgré la promptitude du secours, que de ruines, que de victimes! Les Tuileries, l'Hôtel-de-ville, la Cour des comptes, le Palais de justice et cent autres monuments sont en cendres. Un archevêque, des prêtres, des magistrats, des généraux, des soldats ont été honteusement et cruellement massacrés sous le titre d'otages par des français, devenus les pires des brigands. On les a vus comme des forcenés tirer à boulet rouge sur leurs pères et leurs frères, jusqu'à ce que le parti de l'ordre ait broyé le parti du désordre.

Alors seulement il est permis de respirer un instant. Tout en déplorant ce passé funeste, la France en deuil, songe à cicatriser ses blessures. Instruite par le malheur, elle se donne, cette fois, des représentants choisis parmi les plus dignes pour traiter avec un ennemi impitoyable et réparer ses ruines morales et physiques.

Quel souffle empoisonné a pu passer sur cette assemblée nationale si bien disposée, pour la disperser avant d'avoir terminé son œuvre? C'est l'homme ennemi, c'est le mauvais génie de la France, personnifié dans le sceptique Thiers, et ses adhérents appelés libéraux.

Sous leur conduite, nous avons marché comme des aveugles, à tâtons, par tous les chemins de traverse, sans vouloir jamais prendre la grande et seule route qui conduit à la paix et à l'union, sources du bonheur des nations.

Et à cette heure, décembre 1880, où en sommes-nous? L'hydre sanglante de la révolution, un instant refoulée dans son antre ténébreux, a léché et guéri ses blessures. Plus forte, plus audacieuse et plus terrible que jamais, elle cherche partout sa proie.

Pauvre France, que vas tu devenir ? Tandis que les honnêtes gens tremblent, les méchants lèvent la tête, s'enhardissent et aiguisent leur audace. Le pouvoir tout entier aux mains des francs-maçons, non-seulement laisse faire, mais encore excite la fureur des loups affa-més. Les bagnes étonnés ont vu leurs portes s'ouvrir aux plus audacieux malfaiteurs qu'ils eussent jamais détenus. Oui, ils sont revenus en France, dans la capitale, de par nos dépu-tés républicains, ces assassins, ces incen-diaires, qui rêvaient de faire de Paris un immense brasier si le temps ne leur eût manqué. Ils sont là, protégés par la plus inique amnistie, soufflant chaque jour le feu de la discorde, et répandant, chaque matin, dans leurs feuilles immondes et dégoûtantes, les sarcasmes, les mensonges et les plus infâmes turpitudes.

Electeurs des campagnes, et vous, hon-nêtes citoyens des villes, pouvez-vous, sans indignation, lire ces journaux de bas étage; voudriez-vous les voir entre les mains de vos femmes ou de vos filles? Un gouvernement qui tolère de pareilles choses peut-il long-temps subsister? Votre réponse nous sera donnée aux prochaines élections.

Les révolutionnaires de 93 insultaient à tout ce qui est bon, juste et honnête. Le prince, le magistrat, le soldat, le prêtre, le frère hospitalier, la sœur de charité n'ont point trouvé grâce devant l'expression de leur haine stupide et féroce; tout ce qui est sacré, par eux fut vilipendé. Pour eux, plus de Dieu, plus d'Eglise, plus de morale; ce sont règles trop gênantes pour leur orgueil plein d'intem-pérance ; de vertus, ils n'en veulent point connaître. Dès lors, à bas les temples et les autels, à mort les ministres du Christ! Nul besoin de croix, de tableaux, de statues. Les cloches ne sont bonnes que pour faire des canons ou de la monnaie de billon. Plus de chants, plus de processions, plus de prières; c'est l'expression du fanatisme. Tel était le régime de la première révolution, tel est le cri de nos énergumènes actuels, tel sera le triste avenir qu'on nous promet si nous n'y mettons bon ordre et promptement.

L'énorme Jocrisse, similitude d'hippopotame, qui d'avocat aux coudes percés, est devenu président de chambre et roi borgne par la faveur des sociétés secrètes, n'a rien dit qui ne fût vraie par cette phrase laconique : Le cléricalisme c'est l'ennemi ! Il ne s'attendait guère, le gros nourrisson de Trompette, quand il prononça cette parole à effet que Louise Michel revenue de Nouméa oserait dire à son tour :

Le gambettisme c'est l'ennemi !

Electeurs, voyez par ces contradictions, comme les méchants se combattent et se dévorent entre eux ! Pour nous, parti de l'orare, et nous allons prouver que nous en sommes, nous relevons le gant que nous jette à la face le gambettisme, et nous disons : Oui, le cléricalisme, c'est l'ennemi ! C'est l'ennemi des voleurs, des brigands, des incendiaires, des ivrognes, des polissons et de tous les misérables égarés qui n'écoutent que leurs passions pour vivre dans le désordre et l'anarchie.

Le cléricalisme, c'est l'action de la providence dans le monde par l'Eglise, le Pape, les Evèques et les Prêtres. Sous ce point de vue le cléricalisme est aussi vieux que le monde, et lui survivra, parce qu'il est d'institution divine et qu'il porte en lui un germe de vie inextinguible. Ce n'est ni Gambetta, ni Rochefort, ni Clémenceau qui pourront l'anéantir. D'autres plus forts et plus habiles qu'eux s'y sont essayés; ils se sont cassé les dents, et ont fini par en crever, selon le proverbe : « Qui en mange, en crève. » Ils pourront, peut-être, nos histrions du jour, persécuter, affamer, massacrer bon nombre de ses membres; ils renaîtront de leurs cendres, ils renaîtront du tronc de l'arbre mystérieux qui les a produits, plus nombreux et plus forts, toujours prêts à ombrager ou à protéger de leur feuillage bienfaisant, la tombe prématurée de leurs persécuteurs. Pauvres pygmées, qui vous croyez des géants, vous voulez lutter contre le Ciel ? Allez donc à l'école gratuite obligatoire que vous voulez fonder; on vous y apprendra comment, après de vains efforts, vos devanciers dans la haine de Dieu ont mordu la poussière, et la fin tragique qui vous attend, vous et vos pareils, jusqu'à la fin des temps; car on périt à peu près toujours par où l'on a péché. Si jamais vous aviez appris une page de saine philosophie, vous sauriez qu'il n'y a dans l'universalité des êtres, qu'une cause première, principe et fin de toutes les causes secondes ; et que, par vos actes et vos paroles, vous vous rendez l'effet d'une cause secondaire essentiellement mauvaise et parfaitement ridicule. Vous sauriez que la vérité est une comme son principe, et qu'elle se confond avec lui ; de sorte que tout ce qui est contre lui, n'est pas vrai. Or, comme le vrai, le bon et le beau se confondent, vos actes et vos projets ne sont ni vrais, ni bons, ni beaux ; voilà pourquoi nous les appelons mensonge, méchanceté, laideur ou horreur.

Vous êtes donc les ennemis de cet Etre infini, que vous appelez l'Être suprême, et que nous appelons Dieu ; vous voulez le combattre, l'anéantir au moins dans ses œuvres ? Mais il se rit de vous et de vos vains efforts ; il confond votre langage, et nous nous en apercevons à vos discours insensés. Depuis 19 siècles, quels efforts n'ont pas faits les puissances de ce monde, pour arrêter les progrès du cléricalisme ou du christianisme, car c'est tout un, malgré le sens absurde que vous essayez d'attacher à ce premier mot ? Comptez les persécutions et les persécuteurs ; nombrez les millions de martyrs, si vous le pouvez ; mesurez la profondeur des tor-

rents de sang versé : et maintenant, dites-
nous quelle est la sève, la vie du cléricalisme !
Pouvez-vous expliquer le secret de cette vita-
lité toujours féconde et toujours renouvelée ?
Vous n'en savez rien ? Le voici : c'est que le
*Cléricalisme* se compose de tous les *élèves* ou
*hommes choisis* de Dieu, *consacrés* et *en-
voyés* par lui, pour relever l'humanité déchue
et lui montrer sa route.

La vie du cléricalisme, c'est la vie surna-
turelle par la communication de la grâce, qui
est la sève divine engendrant l'immortalité ;
tandis que ses ennemis ne vivent que de la
sève terrestre qui engendre la langueur et la
mort. Donc, tenez-vous pour avertis, le cléricalisme vous enterrera. Dans la guerre implac-
able et sans cesse renouvelée que vous lui
faites, il est sûr de vous survivre ; ses dix-
neuf siècles de combat contre vous, en sont
la plus sûre et la plus incontestable garantie.

Nous voudrions éviter à MM. Gambetta,
Ferry, Constans et compagnie, la honte d'a-
vouer leur impuissance dans cette lutte de
nains à géants, et d'en subir tout le déshon-
neur. Il ne tiendraient pas compte de nos aver-
tissements ; aussi comme leurs efforts pour-
raient bien aboutir à soulever quelques tuiles

de nos toits, et à faire quelques victimes, nous. prions les électeurs de les renvoyer chacun au petit commerce pour lequel il est né. Par ce moyen simple et facile à tout électeur, nous serons dispensés de réparer les brèches faites à notre société française par ces nouveaux démolisseurs.

C'est vous dire qu'après les élections municipales, viendront celles des conseils-généraux et la Chambre des députés ou du Corps législatif. Nouvelle attention, citoyens ! Cette question en vaut la peine, puisqu'il s'agit de nos plus graves intérêts tant au point de vue départemental que national.

Huit ou quinze jours avant les élections, vous savez quels sont les candidats qui se présentent et sollicitent vos suffrages, tant par la voie des journaux que par les professions de foi, qui ne manquent jamais, puisqu'on les trouve collées au mur, à chaque coin de rue: Que ferez-vous? Qui choisirez-vous ? Comme pour les élections municipales, vous vous recueillerez et vous vous demanderez quel est le candidat qui vous paraît le mieux réunir les qualités que vous êtes en droit d'exiger. Quelle est leur position, leur réputation dans le canton ou dans l'arrondissement. Passent-ils pour honnêtes, instruits, bienfaisants, judicieux et dévoués ? Si déjà vous les avez honorés de vos suffrages, êtes-vous contents de leur administration ? N'ont-ils pas trompé vos espérances ? Si vous pouvez, ou si l'on peut vous répondre affirmativement à ces questions, n'hésitez pas, vous avez trouvé votre homme. Vous est-il impossible de vous rendre compte par vous-même ou par quelqu'un de votre commune, prenez un bon journal : à son langage honnête et modéré, votre bon sens vous le fera reconnaître.

Mais défiez-vous des vulgaires ambitieux qui changent de doctrine à tout vent ; qui furent bonapartistes sous l'Empire ; se disent républicains sous Gambetta premier, et affirmeraient, au prix de leur vie, des sentiments royalistes à l'apparition du drapeau d'Henri V. Ces gens-là, sans conviction, ne convoitent que l'honneur et l'argent, et demain trahiront leur maître de la veille. Tels sont certains petits rentiers arrondis, épiciers blagueurs, avocats sans cause, médecins médiocres, vétérinaires insolents ou industriels plus malheureux qu'adroits.

Les vrais conservateurs ont leur réputation, ils sont connus de tout le monde, et leur nom vient naturellement sur les lèvres. Après les jours funestes de la dernière invasion, instruite par de dures et longues calamités, la France fut invitée à se donner des représentants. Laissée à son bon sens, généralement elle ne se trompa point ; on voulait d'honnêtes députés, capables de réparer les ruines et d'assurer l'avenir ; les regards des électeurs se portèrent, sans contrainte, sur des hommes de haute position, éprouvés et dignes d'estime. L'assemblée nationale de 1871 était vraiment composée, en grande majorité, des sujets les plus capables et les plus expérimentés de la nation ; donc, la France voit clair quand elle veut se donner la peine d'agir avec sagesse. Si la guerre étrangère et plus encore la guerre civile avec leur cortége d'horreurs, ont pu, à cette époque, lui dessliler les yeux, il serait infiniment regrettable qu'aujourd'hui, des souvenirs encore si récents, rapprochés des massacres de 93, des agissements et des menaces non moins effrayantes de cette heure, n'aient pas pour résultat de mettre la masse de la nation sur ses gardes, en l'invitant à arra-

cher le pouvoir aux mains maladroites, et
perverses de ceux qui l'exercent.

Citoyens, sauvez la France, arrachez-la
aux mains des révolutionnaires ; encore une
fois, vous êtes le nombre, vous êtes la force !
Souvenez-vous qu'à cette heure, le monde
entier a les yeux sur vous. Montrez-lui que
si les Français ont parfois des égarements
regrettables, ils savent néanmoins réparer
leurs fautes, et montrer par des actes d'intelligence et de courage, qu'ils n'ont pas dégé-
néré de leurs ancêtres.

Et maintenant quelle sera la forme de
notre gouvernement futur. C'est une question
réservée par la Constitution qui nous régit.

Sera-ce la République, l'Empire ou la
Royauté ! Qu'importerait le nom, si le résultat était bon ? Un gouvernement quel qu'il
soit doit procurer le bien de tous et de chacun
de ses sujets, sans acception de personnes.
Il doit à tous, justice, aide et protection,
comme chacun doit concourir dans la mesure
de ses forces et de son talent, au maintien et
au développement de l'ordre et de la prospérité en général et en particulier. L'ordre,
c'est la religion honorée et pratiquée ; c'est

la justice rendue d'une manière impartiale, d'après un code mûrement élaboré ; c'est une arméo forte et bien disciplinée. La prospérité consiste dans les finances bien réglées et sans surcharges ; dans le développement du commerce et de l'industrie ; dans l'étude approfondie des arts, des sciences et des lettres, à tous les degrés. Le meilleur gouvernement sera donc celui qui, par une sage direction et une puissante protection favorisera l'acquisition et l'émploi de tous ces biens qui sont la fortune des grandes nations.

Or, est-ce là ce qu'ont voulu, recherché et pratiqué nos différents essais de république ? Non, mille fois non. La république en France n'a jamais été que le synonime de ruine publique. Toujours elle s'est affublée des beaux emblêmes de Liberté, Egalité et Fraternité ; ces mots aujourd'hui encore sont inscrits sur tous les monuments publics ; mais ils restent lettre morte : jamais on n'a jouit de moins de liberté, jamais on n'a vu moins d'égalité et surtout de fraternité. Est-ce que la liberté consisterait à chasser brutalement de chez eux les citoyens après avoir crocheté leurs serrures et brisé leurs portes ? Serait-ce reconnaître l'égalité des citoyens que de poursuivre les honnêtes gens devant les tribunaux, de les accabler de vexations, de les jeter en prison, tandis que l'on tolère les assassins, les incendiaires, sous prétexte d'égarements politiques, et que l'on donne les places et les récompenses aux impies aux voleurs et aux libertins ? Vit-on jamais d'autre fraternité que sur le théâtre du crime ou dans quelque taverne, la choppe à la main ? De grâce, n'abusons pas du vrai sens des mots ; il y a déjà trop d'abus sans celui-là.

La première république, nous l'avons dit, a été immonde, dévastatrice et horriblement sanguinaire. La deuxième est née dans le sang et s'est noyée dans les prisons assez lestement. La troisième a fait son apparition au milieu des désastres inouis de la guerre avec les Prussiens, ses débuts sont épouvantables, sa marche est menaçants et persécutrice ; quelle sera sa fin ? Elle aura vécu dans l'imbécillité pour périr dans le sang. L'Empire est mort dans la personne du prince impérial. C'est en vain que Jérôme Napoléon surnommé Crainplomb et mangeur de saucisson esseaiera de refaire sa réputation perdue : si l'empereur Napoléon premier fut grand, Napoléon III s'est montré fort petit, et

Napoléon V apparaît moins que rien. Le rôle des Bonaparte semble donc usé et fini. Reste le Roi. C'est la royauté qui a fait la France et qui l'a placée à la tête des nations. Tous |les rois personnellement ne sont pas dignes de louanges ; mais au moins, ont peut affirmer que l'ensemble de leur gouvernement n'a jamais nui aux int'rêts de leur peuple. Citoyens, chacun de vous possède ou peut se procurer une histoire de France. Relisez ces annales de votre histoire et vous resterez convaincus qu'il n'y a de salut pour la France que dans la royauté.

Français, je voudrais pouvoir persuader cette grande vérité à chacun de vous, je vous dirais alors : levez-vous comme un seul homme, marchez au scrutin en bataillons serrés ; donnez-vous de dignes représentants et bientôt la France régénérée pourra recouvrer sa gloire antique.

Le trône rétabli, la prospérité renaîtra, la paix et la concorde règneront et alors nous jouirons de ces biens inappréciables ; la Liberté, l'Egalité et la Fraternité.

Puisse ce modeste écrit dicté par l'esprit de patriotisme être compris de tous et amener les plus heureux résultats !

Citoyens, attention !

Jules APER.

LANGRES, IMP. FIRMIN DANGIEN.

www.ingramcontent.com/pod-product-compliance
Lightning Source LLC
Chambersburg PA
CBHW060805280326
41934CB00010B/2569